ANALIZA KSIĄŻKI

Malavita

· · · · · · · · · · · · ·

TONINO BENACQUISTA

ANALIZA KSIĄŻKI

Napisany przez Ophélie Ruch
Przetłumaczony przez Kâmil Kowalski

Malavita

Tonino Benacquista

TONINO BENACQUISTA

FRANCUSKI PISARZ I SCENARZYSTA

- **Urodził się w Choisy-le-Roi w 1961 roku.**

- **Godne uwagi prace:**

  - *Le Maldonne des sleepings* (1989), powieść

  - *La Commedia des ratés* (wydana w języku angielskim jako *Holy Smoke*, 1991), powieść

  - *Malavita* (2004), powieść

Tonino Benacquista urodził się w 1961 roku we włoskiej rodzinie mieszkającej na paryskim przedmieściu. Przez krótki czas studiował kino i literaturę, ale szybko porzucił je na rzecz dorywczych prac, które okazały się niezwykle inspirujące dla jego przyszłej twórczości. Zaczął pisać pod koniec lat 80., publikując fikcję noir, która szybko zyskała miano kultowej. W późniejszym okresie pisał również bardziej mainstreamowe powieści, które przyniosły mu ogromny sukces. *Someone Else* (2001), opowiadająca o dwójce trzydziestolatków, którzy rzucają się w wir wyzwań, by żyć tak, jak zawsze marzyli, oraz *Saga* (1997), śledząca przygody czterech scenarzystów, którzy zostają wygnani po napisaniu telewizyjnej opery mydlanej.

Benacquista pracuje również jako scenarzysta, autor komiksów oraz przy adaptacji niektórych swoich powieści na potrzeby kina. Jego najnowsza, wyczekiwana powieść *Homo erectus* (wydana po angielsku jako *The Thursday Night Men*) ukazała się w 2011 roku, odnosząc natychmiastowy sukces komercyjny i krytyczny.

MALAVITA

NIEZWYKŁA OPOWIEŚĆ

- **Gatunek:** powieść

- **Wydanie referencyjne:** Benacquista, T. (2013) *Malavita: A Novel*. Trans. Read, E. New York: Penguin.

- **wydanie pierwsze:** 2004

- **Tematy:** mafia, rodzina, przemoc, pokuta, ochrona świadków, akcja

Blake'owie, z pozoru normalna rodzina, właśnie przeprowadzili się do Cholong-sur-Avre w Normandii. Jednak pozory mogą mylić: Frederick Blake to tak naprawdę Giovanni Manzoni, kapuś nowojorskiej mafii z ceną 20 milionów dolarów za jego głowę w Stanach Zjednoczonych. Po sprzedaniu najwyższych rangą członków mafii amerykańskim organom ścigania, Giovanni i jego rodzina zostali objęci programem ochrony świadków przez FBI i zostali zmuszeni do emigracji do Francji. Nic jednak nie może być trudniejsze dla byłych członków mafii niż integracja ze spokojną codziennością małego francuskiego miasteczka. Kawałek po kawałku budują dla siebie nowe życie, nawigując po społecznych faux pas i niewłaściwym zachowaniu, na dobre i na złe... aż do dnia, kiedy Cosa Nostra wyłapie ich zapach i rozpętuje się piekło.

PODSUMOWANIE

CZYSTE KONTO

Blake'owie, amerykańska rodzina, wprowadzają się do swojego nowego domu w Cholong-sur-Avre w Normandii.

Zaraz po przyjeździe Fred, ojciec, znajduje starą maszynę do pisania podczas porządkowania magazynu. Nigdy w życiu nie przeczytał żadnej książki, a powiedzenie, że jego zasób słownictwa jest ograniczony to mało powiedziane, ale na widok starożytnego aparatu do pisania czuje nowe powołanie i postanawia poświęcić się pisaniu swoich wspomnień.

Jednak rodzina z trudem przystosowuje się do nowego życia. Kiedy Warren, syn, pada ofiarą wyłudzaczy pieniędzy obiadowych, kilka krótkich godzin później jest już w żałosnym stanie; kiedy Maggie, matka, czuje, że kierownik supermarketu kieruje w jej stronę antyamerykańskie uprzedzenia, sklep staje w płomieniach kilka chwil później; a kiedy Belle, córka, jest celem zbyt natarczywych zalotów kilku nastoletnich chłopców, kończą posiniaczeni i porzuceni na poboczu wiejskiej drogi.

CIEŃ PRZESZŁOŚCI

W rzeczywistości Blake'owie tylko z pozoru wyglądają jak normalna rodzina. Już od pierwszej strony wspomnień Freda staje się dla czytelnika jasne, że tak naprawdę jest on Giovannim Manzoni, zdrajcą z Cosa Nostra, vel nowojorskiej mafii.

Wspomnienia Maggie dostarczają czytelnikowi więcej informacji o okolicznościach, które doprowadziły rodzinę do zmiany życia: jak Giovanni został aresztowany, jak musiał dokonać wyboru między pójściem do więzienia a kolaboracją, jak sprzedał wszystkich nowojorskich *capi* (przywódców mafii), po czym nastąpiło ich wygnanie, najpierw we własnym kraju, a potem, gdy sytuacja stała się tam zbyt niebezpieczna, w Europie.

Manzoni zostali umieszczeni w programie ochrony świadków FBI, znanym również jako WITSEC, i poddani obserwacji agentów Di Cicco i Caputo, którzy mieszkają w domu naprzeciwko nich i podlegają agentowi Quintiliani.

Fred kontynuuje pisanie swoich wspomnień i odkrywa radość z pisania: "Po raz pierwszy w życiu tworzył, a nie niszczył, i nawet jeśli rezultat okazał się śmieszny w oczach świata, czuł, że wreszcie zaczął istnieć" (s. 95-96).

Podczas gdy jej mąż decyduje się pisać o swoim dawnym życiu, Maggie postanawia zaangażować się w działalność charytatywną, aby przypomnieć sobie o swoim skromnym pochodzeniu, ale także jako rodzaj pokuty za dekadencję i zepsucie, które przenikały wczesne lata jej małżeństwa. Aby zapobiec wszelkiej ciekawości dotyczącej jej rodziny, organizuje również grilla, na którego zaprasza wszystkich sąsiadów. Fred z trudem utrzymuje pozory, a podczas jednego z komicznych epizodów, kiedy rozpala grilla, każdy ma do dodania swoje dwa grosze na temat tego, jak niezdarnie to robi. Jego krytycy nie zdają sobie sprawy z niebezpieczeństwa, na jakie się narażają, ponieważ każdy komentarz prowadzi byłego szefa mafii do wyobrażenia sobie coraz bardziej wyszukanych tortur, którym chciałby ich poddać. Ratuje ich dopiero przybycie Quintilaniego, któremu udaje się go uspokoić.

Jeśli chodzi o Warrena, to sprytnie wykorzystał reputację, którą zdobył już pierwszego dnia, i użył jej do przyjęcia roli czegoś w rodzaju ojca chrzestnego liceum: wszyscy uczniowie przynoszą do niego swoje żale, a on rozwiązuje ich spory w zamian za skromną sumę pieniędzy.

PRAWDZIWI CHŁOPCY Z FERAJNY

Fred, który w środowisku podaje się za pisarza, zostaje zaproszony na seans filmowy organizowany przez lokalne towarzystwo filmowe i z dumą na niego przybywa. W wyniku komicznej wpadki, szpule z filmami zostały pomieszane i zamiast planowanego filmu puszczono *Chłopców z Ferajny,* jeden z najbardziej wpływowych filmów o mafii. Quintiliani chce wyjść, przeczuwając niebezpieczeństwo, jakie może się z tym wiązać, ale Fred nalega, by zostać. Pod koniec seansu Fred zostaje zaproszony do odpowiedzi na pytania publiczności jako amerykański pisarz. Choć początkowo jest onieśmielony, stopniowo pozbywa się wszelkich zastrzeżeń i rozpoczyna drobiazgowe, pełne nazwisk i szczegółów exposé o nowojorskiej mafii. Na szczęście wszystko, co wymyśla, wydaje się tak absurdalne, że wszyscy uznają to jedynie za fantazję pisarza i nikt nie przywiązuje do tego wagi.

Po powrocie do domu, Fred otrzymuje pozwolenie na zadzwonienie do swojego siostrzeńca Bena. Używając sprytnego kodu, zaprasza go do siebie na weekend, a nawet podaje mu swój adres tuż pod nosem podsłuchujących ich rozmowę agentów FBI.

WIZYTA Z POWAŻNYMI KONSEKWENCJAMI

Ben przybywa do Cholong-sur-Avre i otrzymuje ciepłe powitanie od Manzonis. Agenci FBI są wściekli na to, że zostali wykiwani, ale mogą tylko patrzeć z rezygnacją, jak wchodzi do domu i przeżywa radosne spotkanie z rodziną podczas kolacji.

Pod koniec wieczoru Fred i Ben udają, że chcą iść na spacer, tylko we dwóch, i proszą Maggie o odwrócenie uwagi agentów FBI. Choć na początku jest niechętna, w końcu zgadza się pójść i złożyć im wizytę.

Dwaj mężczyźni docierają do celu, którym jest fabryka, którą Fred zidentyfikował jako przyczynę zanieczyszczonej wody. W rzeczywistości, odkąd się wprowadzili, z ich kranów leci brązowa woda, ku zdziwieniu wszystkich. Hydraulik, który został wezwany, zachowywał się obojętnie i twierdził, że nie jest w stanie rozwiązać problemu: Fred nie zniósł tej postawy na długo, i zadał kilka inteligentnych uderzeń młotkiem, który nie zrobił nic, aby poprawić sytuację. Ben wydobywa z plecaka kilka lasek dynamitu, który zrobili tego popołudnia. Podkładają dynamit i ruszają z powrotem do domu na tle wybuchów i syren policyjnych.

Quintiliani jest wściekły na niezdolność Freda do zachowania się normalnie i umieszcza wszystkich czterech członków rodziny w areszcie domowym. W odpowiedzi na tę niesprawiedliwą sytuację Belle postanawia popełnić samobójstwo skacząc ze szczytu wielkiego koła, natomiast Warren postanawia uciec natychmiast, zamiast latem, jak pierwotnie planował, aby ponownie dołączyć do nowojorskiej mafii i odbudować swoje nazwisko. Oboje uciekają i idą swoimi drogami.

NISZCZĄCA GRA SŁÓW

Niedługo wcześniej Warren zgodził się napisać grę słów w języku angielskim dla *Jules Valles Gazette* (gazetki szkolnej), zainspirowaną dowcipem, który usłyszał od Don Mimino, *capo di tutti capi* (król wszystkich pięciu nowojorskich rodzin mafijnych), kiedy był młodszy.

Jeden egzemplarz tej gazety odbywa niezwykłą podróż dookoła świata: matka daje ją mężowi, gdy ten wylatuje w swoją kolejną podróż służbową, aby mógł przeczytać przejmujący wiersz, który napisał do niej jego syn; porzuca gazetę na ziemi na lotnisku, gdzie znajduje ją młody Belg na wycieczce i rozwiązuje krzyżówki, w czym pomaga mu młoda kobieta; po przyjeździe do Los Angeles wyrzucają gazetę, która ich połączyła, gdzie znajduje ją młody mężczyzna, który wyławia czasopisma z koszy na śmieci. Daje ją jednemu ze swoich przyjaciół, który wykorzystuje ją do zapakowania paczki, którą wysyła do swojego wuja w więzieniu: tym wujem jest jeden z kolesi Don Mimino, który trafił do więzienia po zdradzie Giovanniego Manzoniego. Kiedy *capo di tutti capi* z ciekawości przegląda gazetę, jego wzrok przyciąga jedyne zdanie w języku angielskim. Rozpoznając swój własny dowcip, natychmiast orientuje się, gdzie ukrywają się Manzoni.

OBŁAWA

Niedługo potem do Cholong-sur-Avre przybywa oddział śmierci złożony z dziesięciu najbardziej kompetentnych gangsterów w Stanach Zjednoczonych. Oddział, któremu przewodzi wnuk Don Mimino, jest przebrany za amerykańskich turystów i próbuje wtopić się w odbywający się tego samego dnia festiwal, z komicznym skutkiem.

W końcu identyfikują Di Cicco i Caputo, którzy są pod przykrywką w tłumie na polecenie Quintilianiego, porywają ich i zmuszają do doprowadzenia do domu Manzonich. Gdy docierają na miejsce, odpalają największą broń, jaką dysponują i wysadzają dom w powietrze. Dokładnie w tym momencie Maggie jest w domu po drugiej stronie drogi, prosząc Quintilianiego o pomoc w opuszczeniu Freda, który ukrywa się pod parapetem, słuchając z rozpaczą, jak żona odwraca się od niego. Oznacza to, że w domu nie ma nikogo poza Malavitą, psem Manzonisów, co wkrótce uświadamiają sobie gangsterzy. Jednak Maggie i Fred nie są świadomi, że ich dzieci wymknęły się z domu i są zrozpaczeni myślą, że mogą być martwe.

Kiedy Warren ucieka, wpada on na dwóch Amerykanów, których natychmiast identyfikuje jako współpracowników mafii, podczas gdy Belle znajduje się na głównym placu akurat wtedy, kiedy gangsterzy szukający Manzonis przejmują kontrolę nad miastem. Oboje zdają sobie sprawę, że ich rodzina jest w niebezpieczeństwie i spieszą się, by do niej dołączyć. Quintiliani i Fred, którzy są teraz sami, zdają sobie sprawę, że ich interesy są zbieżne: dla obu z nich wyeliminowanie śmietanki nowojorskiej mafii jest pożądanym rezultatem. Postanawiają połączyć siły, by uratować miasto.

Ostatnia część powieści to fragment relacji Freda z obławy, w którą wyruszył razem z Quintilianim, swoim arcywrogiem, a po drodze dołączyły do nich jego dzieci. Tej nocy Manzoni śpią spokojnie pod czujnym okiem agentów FBI, którzy zapewniają im poczucie bezpieczeństwa. Jednak wnukowi Don Mimino, który im uciekł, udaje się zakraść w pobliże Freda. Ku jego wielkiemu zaskoczeniu, Malavita nagle skacze na niego, wyrywa mu gardło i zabija go, pozostawiając Manzonisów bezpiecznych i zdrowych – przynajmniej na razie…

STUDIUM POSTACI

FREDERICK/GIOVANNI

Fred jest ojcem rodziny Blake'ów, ale nie jest to zwykły ojciec, bo nigdy nie wstaje przed południem, nie chce jeść nic innego niż makaron w sosie pomidorowym, a sąsiadów przekonuje, że jest z zawodu pisarzem. W rzeczywistości Fred nie jest normalnym człowiekiem: to były wysoki rangą członek Cosa Nostra, nowojorskiej mafii, który odwrócił się od dawnego stylu życia. Jest kapusiem, byłym gangsterem, który kupił sobie wolność wydając swoich braci. Na jego barkach spoczywa więc ciężar winy, bo stara się żyć dyskretnie i normalnie, mimo że zna się na każdym możliwym szantażu, torturach i egzekucjach. Przepaść między jego dawną tożsamością Giovanniego Manzoni a nową tożsamością Freda Blake'a jest niezgłębiona. Znajduje sposób na pogodzenie tych dwóch rzeczy dzięki starej maszynie do pisania, której używa do pisania swoich wspomnień, które następnie tworzą rodzaj mostu między jego dwoma życiami.

MAGGIE/LIVIA

Maggie, której prawdziwe imię brzmi Livia, jest żoną Freda. Pochodzi z biednej, ale uczciwej rodziny z nowojorskiego przedmieścia. Poznała Giovanniego, gdy był jeszcze dość młodym łobuzem o wielkim sercu, i zakochała się w nim do szaleństwa. Wychodząc za niego za mąż, poznała smak życia na poziomie, jakim cieszą się żony mafijnych bossów: niczego im się nie odmawia, byle tylko zamknęły oczy i nigdy nie zawiodły, kryjąc swoich mężów. Ale kiedy Giovanni zostaje aresztowany, jej życie również ulega zmianie: traci dawnych przyjaciół, jest zmuszona zerwać wszelkie kontakty z rodziną i przyjaciółmi oraz dostosować się do życia, którego nigdy nie chciała. Jest na swój sposób skruszona, pragnie odpokutować za swoje przewinienia, angażując się w działalność charytatywną. Jest ciekawa życia swoich sąsiadów, a po obserwacji ich nowej społeczności zaczyna marzyć o zbudowaniu świata, w którym królować będzie hojność i solidarność. Mimo że tych cech brakuje jej w mężu, nie może przestać go kochać i wspierać.

BELLE

Córka państwa Manzonisów zasługuje na swoje imię: jest piękna, łaskawa, przyjazna i emanuje takim ciepłem, że nikt nie jest w stanie jej nie polubić. Choć jest bardzo dumna ze swojego wyglądu, nie daje sobie tego wmówić; dąży raczej do tego, by jej życie było równie piękne, by zbudować idealny świat do życia. Jej postać nie jest rozwinięta zbyt szczegółowo.

WARREN

Warren jest młodszym dzieckiem państwa Manzonis. Choć był bardzo młody, gdy jego rodzina opuściła świat mafii, pielęgnuje swoje wspomnienia z nim związane, a przede wszystkim dumę z niego, nigdy nie pozwalając, by ani duma, ani wspomnienia przygasły z biegiem lat. Zafascynowany miejscem urodzenia, żywo zainteresowany jego historią i geografią, planuje ponownie wstąpić do nowojorskiej mafii, by wywalczyć sobie miejsce w jej szeregach i odbudować nazwisko rodziny. Dni spędza na tworzeniu imitacji mafii na własnym poziomie: przejmuje kontrolę nad szkołą i czyni siebie niezbędnym dla kolegów z klasy, oferując usługi i pobierając opłaty za swoje umiejętności.

QUINTILIANI

Quintiliani to młody włoski imigrant w drugim pokoleniu, który mógłby zostać gangsterem jak Giovanni Manzoni, gdyby nie zdecydował się poświęcić życia na walkę z mafią. Jako wysokiej rangi agent FBI zorganizował Manzoniemu ochronny areszt i wygnanie. Choć gardzi Giovannim Manzonim, chroni go, by pokazać mafii, że ci, którzy odwrócą się od swoich starych metod, mogą uciec z tego świata, a ich organizacja żyje w pożyczonym czasie. Wpisuje się w archetyp zrzędliwego, ale nienagannego agenta prawa, który można znaleźć w różnych powieściach i programach telewizyjnych. Ma nieco dwuznaczne relacje z Fredem, w tym, że dwaj mężczyźni rozumieją się i czasami mogą zobaczyć się oko w oko, jak w ostatniej scenie, ale ich role gangstera i agenta federalnego sprawiają, że są naturalnymi wrogami.

DI CICCO I CAPUTO

Ci dwaj mężczyźni to agenci FBI, którzy podlegają Quintilianiemu i którzy są na stałe przydzieleni do pilnowania rodziny Blake'ów. Odkąd rodzina udała się na wygnanie, mieszkają w pełnym wymiarze godzin w domu naprzeciwko nich, aby mieć na nich oko. Maggie zaprzyjaźnia się z nimi i często ich odwiedza. Doceniają jej towarzystwo i wsparcie, zwłaszcza że przygotowuje dla nich włoskie posiłki. Zmuszeni do życia z dala od swoich rodzin, stają się ofiarami ubocznych szkód spowodowanych zdradą Freda.

ANALIZA

FABUŁA

Sytuacja początkowa: to początek opowiadania, czas na ustawienie sceny i wprowadzenie bohaterów; sytuacja jest zrównoważona, co oznacza, że nie ma powodu, by się zmieniała.

- Rodzina Manzoni, odrodzona jako rodzina Blake, właśnie przeprowadziła się do małego miasteczka w Normandii, gdzie stara się zachować anonimowość i prowadzić normalne życie po wygnaniu z Nowego Jorku.

Element zakłócający: jest to wydarzenie, które ma miejsce, zmieniając sytuację wyjściową i uruchamiając prawdziwą historię.

- Fred, ojciec, jest nieuleczalnie niespokojny. Podczas gdy jego żona i dzieci zachowują się od czasu do czasu dziwnie, on sam nie potrafi zapanować nad swoimi wewnętrznymi demonami. Grozi hydraulikowi, publicznie popisuje się doskonałą znajomością mafii i wysadza w powietrze fabrykę.

Rozwój: są to wydarzenia wywołane przez element zakłócający, które skłaniają bohatera do podjęcia działań w celu rozwiązania problemu.

- Po serii zbiegów okoliczności Don Mimino, największy wróg Manzoniego, dowiaduje się o jego kryjówce i wysyła za nim małą armię gangsterów. Przybywają w dniu święta

Saint Jean i wywracają miasto do góry nogami, aby go odnaleźć i zabić.

Wynik: kończy rozwój wydarzeń i prowadzi do konkluzji.

- Frederick i Quintiliani jednoczą się i udaje im się odeprzeć najeźdźców, przywracając miastu spokój.

Zakończenie: jest to koniec historii. Sytuacja jest znowu stabilna, jak sytuacja wyjściowa, ale uległa pewnym zmianom.

- Wszyscy czterej członkowie rodziny, a także ich pies Malavita, są bezpieczni i zdrowi, i mogą nadal prowadzić "normalne" życie.

GATUNEK

Tekst ten jest powieścią, która przestrzega konwencji tego gatunku: składa się z narracji prozą, która zachowuje chronologiczny porządek wydarzeń i opowiada przygody pewnej liczby bohaterów, którzy zostali przedstawieni czytelnikowi.

Książka ta stanowi jednak również powrót do gatunku, który Tonino Benacquista odstawił na bok na znaczną część swojej kariery: fikcji noir, gatunku, który wprowadza do opowieści pewne elementy fantastyki, a konkretnie przemocy i zbrodni. W tym przypadku Benacquista kreśli dość szczegółowy portret środowiska przestępczego, mafii, i obsypuje swoją opowieść brutalnymi scenami, takimi jak wybuch w fabryce i wielki finał. Benacquista wykorzystuje historię rodziny Blake'ów, by stworzyć bogaty, szczegółowy opis fascynującego podziemia zdominowanego przez zbrodnię i przemoc.

DALSZE CZYTANIE

WYDANIE REFERENCYJNE

Benacquista, T. (2013) *Malavita: A Novel*. Trans. Read, E. New York: Penguin.

ADAPTACJE

Porachunki. (2013) [Film]. Luc Besson. Reż. Francja/USA: TF1 Films Production.

Chcemy usłyszeć od Ciebie, co się dzieje!
Zostaw komentarz na temat swojej internetowej biblioteki
i podziel się swoimi ulubionymi książkami w mediach społecznościowych!

Wydawca zapewnia o wiarygodności publikowanych informacji, co jednak nie może wiązać się z jego odpowiedzialnością.

www.50minutes.com

Master ISBN: 9782808695213
Papierowy ISBN: 9782808616614
Depozyt prawny: D/2023/12603/1941

Verhaal: © Primento

Projekt cyfrowy: Primento, cyfrowy partner wydawców.